자유롭게 움직이고
자연스럽게 표현하고

자유롭게 움직이고 자연스럽게 표현하고

이강순
이언주 · 최수지 그림

북스힐

머리말

오래전부터 어린이들에게 재미있는 이야기를 만들어서 들려주는 것을 좋아했습니다. 한 번 듣고 사라지는 그런 이야기들을 모아서 언젠가는 창작동화책을 만드는 것이 저의 꿈입니다. 그래서 저의 책을 읽는 어린이들의 상상력이 풍부해지고 창의력과 표현력이 향상되었으면 좋겠습니다. 또한 그들이 멋진 꿈을 꿀 수 있도록 도와주고 싶습니다.

최근 학교와 가정에서는 지식교육의 중심으로 문화/예술교육을 통한 창의/인성교육의 중요성이 강조되고 있으나 잘 이루어지고 있지 않습니다. 많은 문화/예술 활동들 중에서 무용은 생각과 감정을 신체의 움직임으로 표현하는 활동으로 창의력 향상과 인성발달에 많은 도움을 줍니다. 무용시간 처음에는 신체를 움직이고 표현하는 것을 두려워하지만 나중에는 신체를 자유롭게 움직이고 자연스럽게 표현하는 방법과 함께 즐거움을 배우게 됩니다.

이 '무용 시' 책은 신체로 표현하는 무용을 창작하고 경험하면서 느낌과 생각을 글로도 표현했던 초등무용교육 I & II, 창작무용의 이해, 무용교수방법론을 수강한 경인교육대학교 대학생들과 대학원생들의 시들로 구성한 것입니다.

신체를 통한 창작의 고통과 기쁨을 또 다시 글로 표현해준 미래의 교사들과 현재의 교사들에게 감사의 마음을 전합니다. 특히 이 책의 근간이 된 훌륭한 아이디어를 나누어준 같은 학교 동료이자 '과학동시'의 저자인 권난주 교수에게 감사의 마음을 전합니다. 또한 사랑하는 부모님과 가족들, 멋진 책으로 만들어준 출판사 여러분들, 예쁜 그림을 그려준 이언주 선생과 최수지 양에게도 감사의 마음을 전합니다.

경인교육대학교 경기캠퍼스 체육관에서

이 강 순

차 례

놀이

파트너와 함께

한국무용

포크댄스

창작무용

무용수업

신체/시간/공간

무용을 구성하는 요소에는 신체, 시간, 공간, 에너지 등이 있습니다. 그 중 신체는 무용의 가장 중요한 요소로 음악가의 악기이기도 하고, 화가의 붓이기도 합니다. 신체를 부분적으로 또는 전체적으로 움직여서 다양하게 동작을 구성할 수도 있고, 대칭/비대칭으로 모양을 만들어서 멋진 무용을 만들 수도 있습니다.

시간은 박자, 속도, 강세, 지속시간, 리듬 등으로 구성되어 있습니다. 다양한 박자와 속도를 이용하여 멋진 리듬과 음악을 만들 수 있으며 리듬감 향상에도 도움을 줍니다.

공간은 범위, 크기, 높이, 방향, 경로, 위치, 시선 등으로 구성되어 있습니다. 신체의 여러 부분을 다양한 높이와 방향으로 움직이며 공간감 향상에 도움을 줍니다.

에너지는 힘입니다. 신체를 움직일 때 힘을 약하게 또는 강하게 조절할 수 있고, 힘의 조절은 곧 신체 조절이며 감정 조절까지 가능하게 합니다.

말

안성식

손이
좌우로…
앞뒤로…
위아래로…

발이
좌우로…
앞뒤로…
위아래로…

움직일 때마다
내 몸은 말을 하네…

한 동작…
한 동작…
연결하면
나만의 이야기…

調運(조운)

이승호

내 다리를 움직인다.
내 팔을 움직인다.
내 허리를 움직인다.
내 어깨를 움직인다.
내 머리를 흔든다.
내 몸을 흔든다.

움직임은 하나의 동작이 되고,
흔듬은 하나의 예술이 되며,
온몸의 조합으로 무용이 탄생한다.

끊임없이 움직이고,
끊임없이 흔들고,
끊임없이 발표하고,
끊임없이 시연하며,
끊임없이 배워서,

이제는 알 것 같다.

조화로운 움직임이라는 것을…

만물의 움직임의 근원이 調運(조운)이라는 것을…

몸으로 말해요

김애진

반가울 땐
손을 흔들어요.

급할 땐
발을 굴러요.

마음에 들지 않을 땐
고개를 저어요.

자신 있을 땐
어깨를 펴요.

기분이 좋을 땐
두 팔을 들어요.

마음속의 나를 표현하고 싶을 땐
그래요,
그렇게 몸으로 말해요.

몸의 대화

유인실

몸의 움직임이 모여
언어가 된다

몸의 움직임이 뭉쳐져
의미를 전달한다.

몸의 움직임을 통하여
몸이 대화한다.

몸의 움직임의 느낌으로
서로가 노래한다.

몸의 움직임의 대화가
생의 모든 것을 보여준다.

몸의 노래

심자연

몸을 움직여본다.
삐그덕 삐그덕
관절이 춤을 춘다.

손을 들어 허공에 그림을 그린다.
허우적허우적
머리가 운다.

발이 이곳저곳 돌아다닌다.
기우뚱기우뚱
얼굴이 빨개진다.

마음을 다스려본다.
꿈틀꿈틀
몸이 가만있질 않는다.

아~ 어렵다.

나만의 세계

조해경

의미없는 손짓이
의미없는 발짓이
내 마음의 소리를
느끼게 한다.

의미있는 손짓이
의미있는 발짓이
나만의 세계를
만들게 한다.

배움

조효정

시간(時間)은
시각(時刻)과 시각(時刻)사이를
의미한다고 생각했다.

공간(空間)은
내가 살고 있는 삶의 터전이라고 여겼다.

힘(力)은
약자와 강자를 구분하는
기준이라고 생각했다.

속도(速度)는
빠르기를 나타내주는
과학 용어인줄만 알았다.

그러나……

시간(時間)이 흐르고,

변화(變化)를 만나서

나는 알았다.

이 모든 것들이
나를 보여 줄 수 있는
새로운 사건의 이름이라는 것을……

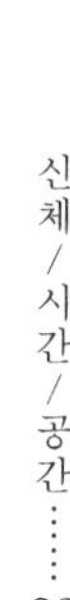

우리들의 가장 아름다운 시간

양유라

음악에 맞추어 몸도 살랑, 마음도 살랑
조용한 움직임은 우리의 몸과 마음을 간질인다.

음악에 맞추어 몸도 흔들, 마음도 흔들
열정적인 움직임은 우리의 몸과 마음을 들썩인다.

음악과 우리 모두의 몸과 마음이
하나가 되는 순간 그것이 바로

우리들의 가장 아름다운 시간.

이동움직임과 비이동움직임

기본움직임에는 이동움직임과 비이동움직임이 있습니다. 이동움직임은 제자리에서 다른 자리로 이동하는 움직임으로 걷기, 달리기, 미끄러지기, 기어가기 등이 있고, 제자리에서 하는 앉기, 서기, 펴기, 구부리기, 흔들기, 비틀기, 밀기, 당기기 등 비이동움직임이 있습니다.

이동움직임과 비이동움직임은 우리가 평상시에 항상 하는 움직임으로 다양하게 구성하면 멋진 무용으로 만들 수 있습니다.

이동이와 비이동이

김애진

이동아 이동아 너 오늘 무얼 했니?
응~ 학교에 걸어가서 친구와 한바탕 미끄러지고 구르고 뛰어 다녔지

비이동아 비이동아 넌 오늘 무얼 했니?
응~ 집에서 혼자 몸을 굽혀 움츠리고 앉아있었지

푸하하, 비이동 넌 여전하구나?
그러지 말고 나처럼 자유롭게 돌아다녀봐
얼마나 많은 것을 보고 만들 수 있는데~

쳇! 이동이 너도 여전히 산만하구나?
괜찮아! 나도 충분히 멋진 것을 상상하고 만들 수 있다구~!

그래? 그럼 우리 같이 떠날래?
어디로?
너와 내가 함께 할 수 있는 창작무용의 세계로~!

제자리

고홍석

가벼운 마음으로 첫발을 내디뎠다.
주위를 살펴보니 처음 그곳이었다.

이상한데?

마음을 다잡고 크게 걸었다.
주위를 살펴보니 처음 그곳이었다.

이상한데?

뒤도 돌아보지 않고 뛰었다.
주위를 살펴보니 처음 그곳이었다.

이상한데?

정말 미친 듯이 앞만 보고 뛰었다.
이제야 겨우 주위가 조금 변했다.

그렇구나,

미친 듯이 앞만 보고 뛰어야 한다.
제자리에서 맴도는 것은 싫으니까.

내몸이 움직인다

윤민아

흔들흔들 내몸이 움직인다.
까딱까딱 내몸이 움직인다.
움찔움찔 내몸이 움직인다.
빙글빙글 내몸이 움직인다.
삐걱삐걱 내몸이 움직인다.
숙였다가 젖혔다가
돌리다가 되돌리고
이리저리 왔다갔다.
뻗었다가 잡아끌고
앉았다가 일어서고
마음대로 움직인다.
누구마음대로? 내마음대로

발걸음

임지혜

한발 한발 내딛는
내 발걸음
님 향한 걸음처럼
다소곳하다.

성큼성큼 내딛는
내 발걸음
다가올 속박에서 벗어나려는듯
재빠르다.

비틀비틀 흔들거리는
내 발걸음
고뇌하고 번뇌하는
내 마음같다.

날아올라, 뛰어올라

김설희

날아오른다,
훨훨

뛰어오른다,
폴짝

성큼성큼 달려가
도약하면

내 발 아래
두려움

날아올라,
더 멀리

뛰어올라,

더 높이

살금살금 걸어가

두 팔 벌리면

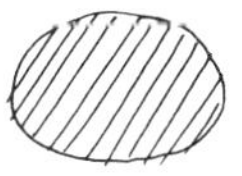

내 손 안에

자신감

걷고 있다

강은미

걷고 있다. 뛰고 있다. 돌고 있다.
천천히… 조금 빠르게… 아주 빠르게…
누웠다. 앉았다. 일어섰다.
여리게… 조금 강하게… 아주 강하게…
혼자이다. 둘이 한다. 다 함께 한다.

내 몸 안을 생각하기도 하고 내 몸 밖을 생각하기도 하고
몸이 구부러지고 펴지는 것을 느끼기도 하고
오른쪽 기우는… 왼쪽으로 기우는 몸의 중심

걷고 있다. 뛰고 있다. 돌고 있다.
천천히… 조금 빠르게.,, 아주 빠르게…
누웠다. 앉았다. 일어섰다.
여리게… 조금 강하게… 아주 강하게…
혼자이다. 둘이 한다. 다 함께 한다.

음악이 날 부르기도 하고
내 몸짓이 음악을 부르기도 한다…

놀이

놀이는 즐거운 마음으로 자유롭게 활동하는 것을 의미합니다. 조각놀이, 자석놀이, 그림자놀이, 거울놀이는 무용에 조금 더 가깝게 다가가기 위해 파트너와 함께 하는 활동입니다. 파트너와 함께 신나게 놀이를 하다보면 신체를 자유롭게 움직이고 자연스럽게 표현할 수 있으며 공간감 향상에 도움을 줍니다.

조각놀이는 한 사람은 조각이 되고 다른 사람은 조각가가 되어 파트너의 신체를 통해서 주제와 소재를 표현하는 활동입니다.

자석놀이는 파트너와 함께 공간을 자유롭게 움직이는 활동으로 한 사람은 자석 N극이 되고, 다른 사람은 자석 S극이 되어 서로 떨어지지 않고 같이 움직이는 활동입니다.

그림자놀이는 파트너와 앞/뒤로 서서 뒤에 있는 사람이 그림자가 되어 앞의 사람의 움직임을 그대로 모방하는 활동입니다.

거울놀이는 파트너의 움직임을 그대로 모방하는 그림자놀이와 비슷하지만 거울에 비치는 모습처럼 신체의 같은 부위를 반대 방향으로 움직이는 활동입니다. 오른쪽, 왼쪽을 구별할 수 있는 좋은 활동이고, 교사가 학생들을 마주보고 지도할 때 도움이 되는 활동입니다.

놀이

이강순

오늘 친구랑 무슨 놀이를 할까?
재미있는 놀이 없을까?
친구를 멋진 조각으로 만드는 조각놀이를 해야지.

꽃도 만들고
새도 만들고
행복한 마음도 표현하고
즐거운 표정도 표현하고

팔은 구부리고
다리는 펴고

신난다!
멋지다!

친구야 움직이지마!
친구야 이동하지마!

오늘 친구랑 무슨 놀이를 할까?
재미있는 놀이 없을까?
친구랑 항상 같이 다니는 자석놀이를 해야지.

내 손바닥은 S극
친구의 눈동자는 N극
내 팔꿈치는 S극
친구의 코는 N극

낮게 앉았다가 높게 일어나고
천천히 걷다가 빨리 뛰기도 하고

신난다!
멋지다!

나와 친구는 단짝.
떨어질 수 없어요.

오늘 친구랑 무슨 놀이를 할까?

재미있는 놀이 없을까?

친구의 움직임을 그대로 따라하는 그림자 놀이를 해야지.

친구가 앉으면 나도 앉고

친구가 일어서면 나도 일어서고

친구가 앞으로 천천히 걸어가면 나도 앞으로 천천히 걸어가고

친구가 옆으로 빨리 달려가면 나도 옆으로 빨리 달려가고

신난다!

멋지다!

나는 친구의 그림자.

우리는 항상 같이 다녀요.

오늘 친구랑 무슨 놀이를 할까?
재미있는 놀이 없을까?
친구랑 마주보고 거울 놀이를 해야지.

친구가 오른손을 옆으로 들면 나는 왼손을 옆으로 들고
친구가 왼손을 위로 들면 나는 오른손을 위로 들고
친구가 앞으로 걸어가면 나도 앞으로 걸어가고
친구가 뒤로 뛰어가면 나도 뒤로 뛰어가고

신난다!
멋지다!

거울 속 친구의 모습이 멋지다.
거울 속 친구의 모습인 내 모습도 멋지다.

그림자

허은실

친구가 움직이면
나도 움직이고

친구가 손을 들면
나도 손을 들고

친구가 뛰어가면
나도 뛰어가고

지치지도 않는지
열심히 움직이는 친구

너도 힘드니,
나의 그림자야!

거울과 나

위형복

이리로 움직여도
저리로 움직여도
변함없이 마주보는 우리사이…

너만 바라봐도
너만 따라해도
하나 될 수 없는 우리사이…

하나로 있어도
두 개로 나눠져도 좋다
내 모습만 표현할 수 있다면…

파트너와 함께

파트너와 함께 활동 시 가장 중요한 것은 생각과 감정을 명확하게 전달하고 의사소통을 하는 것입니다. 또한 파트너의 움직임을 집중해서 관찰하고 이해하며 배려하는 마음으로 호흡을 맞추는 것이 중요합니다.

파트너와 함께 움직이면 서로 지지하고, 격려하고, 감사하는 마음, 긍정적인 생각과 존경심이 생깁니다. 이런 활동들은 협동심과 사회성, 대인관계 향상에 도움을 줍니다.

너와 나의 시간

김지은

혼자 일 때에는 몰랐던 시간들이
너와 함께일 때 소중한 것을 알겠다.

혼자 일 때에는 재미없던 일들이
너와 함께 일 때 즐거운 것을 알겠다.

함께한다는 것의 의미
나에게는 무엇보다 소중한 너.

뫼비우스띠

김현숙

그가 안(內)이라 했을 때
나는 늘 밖(外)이라 했다.

그가 시선은 정면, 허리를 펼 때
나는 움추린 마음처럼 구부정했다.

그가 호흡따라 어깨를 들썩일 때
나는 힘이 들어가고 쭈뼛거리는 어색동이가 되었다.

그가 바람 건너간 가지 위로
사랑을 날려 보냈을 때
나는 주머니 속 가득 이별 태엽을 감았다.

그가 따뜻한 손을 내밀며 움켜잡을 때
나는 낯설음의 작은 파동이 들켜버렸다.

그가 스트레칭으로 온 몸을 쭉쭉 뻗을 때
나는 붉은 얼굴로 잠자던 근육을 늘였다.

그가 푸른 하늘 시려 눈물지을 때
나는 날마다 붉어지는 땅 아파 노래하였다.

그가 앞으로 스텝을 밟을 때
나는 제때 못가 발이 엉겨버렸다.

그가 미소지으며 원을 돌 때
나는 이마엔 땀방울 송골송골

그래도 함께 만난 우린 크게 웃는다.

즐거운 인생

김정수

숨을 쉰다는 것은
죽지 않았다는 것

움직인다는 것은
살아있다는 것

춤을 춘다는 것은
살아있다는 것을 즐기는 것

함께 춤춘다는 것은
함께 즐거움을 공유한다는 것

너와 나, 우리함께 춤추자
즐겁게 춤춰보자
즐기자 인생을

나와 너

조주희

내가 먼저 손내밀지 못했고
내가 먼저 웃어주지 못했다.

서로손 마주잡고 신나게 민속무용 하고나니
서로등 마주대고 즐겁게 신체활동 하고나니

어느새 하하호호
정겨운 나와 너.

한국무용

한국무용은 전통무용과 창작무용으로 크게 나눌 수 있습니다. 또 전통무용은 예전에 궁안에서 의식이나 행사 때 춤추던 궁중무용과 남녀노소 누구나 신명나게 춤추는 민속무용으로 나눌 수 있습니다.

궁중무용에는 처용무, 학연화대합설무 등이 있고, 민속무용에는 탈춤, 소고춤 등이 있습니다. 창작무용은 전통무용 춤사위를 바탕으로 새롭게 만들어진 춤입니다. 한국무용의 춤사위와 장단을 통하여 우리는 문화/예술의 우수성과 한국무용의 가치를 이해할 수 있습니다.

탈춤은 탈을 쓰고 춤을 추며 대사를 읊기도 하는 가면극입니다. 탈춤의 종류에는 봉산 탈춤, 양주 별산대놀이, 북청 사자놀음, 하회 별신굿놀이 등이 있고, 탈춤의 주제에는 사회에 대한 풍자, 서민 생활 등이 있습니다.

소고춤은 농사철이나 명절에 풍년과 마을의 평안을 기원하는 풍물놀이에 사용되는 악기들–태평소, 꽹과리, 징, 장구, 북, 소고 등–중 하나인 소고를 들고 여러 장단에 맞추어 추는 춤입니다.

풍물놀이

위형복

징이 울린다.
북이 울린다.
소고가 춤춘다.
장구가 춤춘다.

악기를 들고 앞으로 나서면
신나게 움직이는 아이들.
무슨 생각을 하는지 모르겠지만
너도 나도 즐거운 아이들.

우리는 점점 신이 난다.
한 다리를 들고 뛰어 볼까나
우리는 점점 흥이 난다.
덩실덩실 흔들어 볼까나

탈춤

이창배

탈춤추어 팔 흔들 때
소맷자락 내 마음을
스쳐가고

내 걸음 한발 내딜 때
땅의 기운 발끝으로
요동치고

내 가슴 속 고민들은
바람되어 사라진다.

덩그러니 홀로있는
고요해진 무대 위에
한바탕 놀아보자.

신명 나는
장단 속에
한껏 취한
나는 웃음 짓는 탈.

북고동과 채소리에
몸을 맡기며
흥을 내고 으쓱이다

평온해진
마음 덕에
미소 짓는
나는 웃음 짓는 탈,

오늘도 탈이 되어본다.

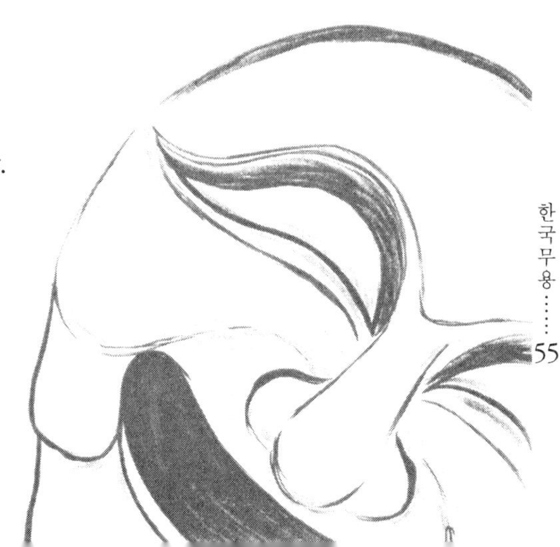

무용시간

임정균

오늘 무용시간
탈춤 배우기
너도 나도 모여
한삼을 낀다.

익숙하지 않은 동작
익숙하지 않은 장단
이리저리 헤매이며
너도 나도 웃음꽃 피네.

어깨는 덩실덩실
한삼은 너울너울
손끝은 오색동실
발끝은 추녀버선

뒤죽박죽

친구동작

어느새 통일되니

일치된 동작처럼

싹트는 우리우정

나의 북이여~

김미선

무대 위 조명이 우리를 비추면

북도령의 두 팔은 내 허리를 감싸며
그렇게 북도령은 내게 기대어

때로는 서런울음 두려운 맘을
때로는 힘찬웃음 설레는 맘을

덩따쿵따 쿵따쿵따 전하여 주니
북도령은 나의운명 사랑이어라.

탈춤

김민경

어깨가 들썩
발끝이 둥실
신나는 탈춤 한마당

탈 너머
감춰진 이가 누구든
우리는 하나가 된다.

하얀 한삼
손에 끼고
나는야 춤을 춘다.

얼쑤 얼쑤
덩실 덩실
흥겨운 탈춤 한마당

장구(어울림)

유영미

'덩덩덕쿵덕'
무용실 가득히
울려퍼지는 소리

가죽에서 손끝으로,
손끝에서 가슴으로…

가슴을 한바퀴 돌고난 소리는
비로소 나의 온몸을 타고 흐른다.

마음을 울리는
구성진 장단에
어깨춤이 덩실, 발구름이 절로.

'덩덩덕쿵덕 쿵덕쿵덕'

오늘 나는,

장구와 하나되어

그의 소리에 흠뻑 취해본다.

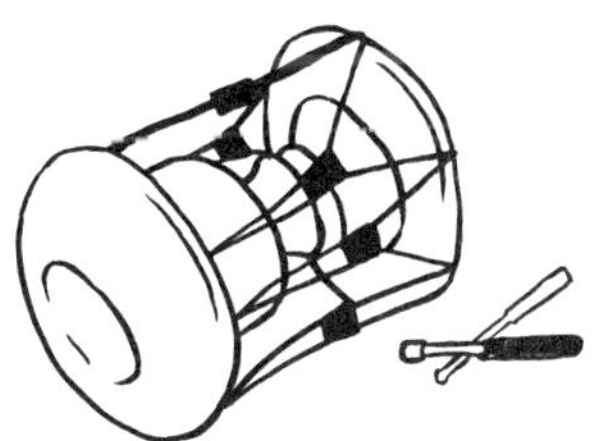

낮은 언덕을 흐르는 춤

강지선

서방사람이 두박두박타박타박퉁탕퉁탕
소리에 쫓겨 자기를 맞출 때에.

우리 땅의 사람은 자근자근둥기당둥기당
땅을 느끼며 걸었다.

버선 끝이 고와도
밖으로 내놓지 않아 수줍은 빛이 숨어들고.

우리의 인생이 오름과 내림을 걷듯.
올라간 어깨 짓은 손끝으로 다시 내려옴을 준비한다.

9월 27일

유창한

한 디딤 한 디딤
버선코가 살아난다.

한 바퀴 한 바퀴
풀치마가 일어난다.

날려지는 한삼에
더운 날의 연습이 지나가고

뿌려지는 한삼에
시간이 지나간다.

마지막 막이 내리고
안도의 숨을 내쉬며
끝났다는 시원함과
무대를 떠올리면 아쉬움.

눈에는 눈물이 입에는 미소가 진다.

탈춤

민미나

하늘 하늘
흔들리다가도
거침없이
선을 찌르고,

늘어지는가
마음을 놓으면
어느 순간
벌떡 일어나
호통을 친다.

너의 얼굴 속에
얼굴은 누구인지
내 마음을
아는 것인지
모르는 것인지

형형색색
니 얼굴 속에
가려진 너의 진심은
무엇인지

오늘따라
너의 몸짓이
내 여린 맘을
어지럽히는구나.

무용시간

최세형

두 손을 맞잡고 하나 둘
모두가 원이 되어 하나 둘
신나는 리듬에 맞추어 발도 하나 둘

덩덕쿵덕 신나는 소리에
어깨춤이 덩실 덩실
우리 소리에 몸을 싣고

나는 나비, 너는 꽃
서로 다른 소리 내다가도
아름다운 선율에 모두가 한 몸 되고

손과 발에 뜻을 담아
리듬에 몸을 담아
즐거운 맘을 담는
무용시간

춤춘다

유지은

음악이 흐르면 내 몸이 움직이네
거울 속 나는 이미 팔색조
내 맘을 열어 자유롭게 춤춘다.

옆 사람 손 잡으면 내 발이 움직이네
무리 속 나는 이미 세계인
그들과 함께 즐겁게 춤춘다.

우리네 아름다움에 내 맘이 움직이네
춤사위 속 나는 이미 황진이
정중동 멋 살려 자연스레 춤춘다.

설장고

김혜정

온 세상이 흥겹다.

덩덩 쿵따쿵
더더덩 더더덩
가녀린 어깨에
장고를 둘러메고
아름다운 다섯 여인네들
여린 손 두드림의 흥겨움이다.

온 세상이 꽃이다.

치맛자락 휘휘 감아 돌아
꽃봉오리 피우고
종종종 까치걸음
꽃들을 부르고
수줍게 하늘 향한 버선코
사뿐히 뛰어올라
나는 듯 나비가 된다.

포크댄스

포크댄스는 동서양을 불문하고 모든 민족, 민속에 존재하고 있는 자연발생적인 생활 감정의 표현입니다. 포크댄스를 통해서 여러 민족, 민속의 움직임이나 음악, 소품, 의상 등을 알 수 있으며 그들의 풍습, 습관 등 문화를 이해할 수 있습니다.

포크댄스의 기본 방향은 진행방향, 반진행방향, 시계방향, 반시계방향으로 나눌 수 있고, 기본 스텝은 워킹스텝, 투스텝, 겔로핑스텝, 스키핑스텝 등이 있습니다.

버지니아 릴은 미국의 포크댄스로 야외 잔디 위에서 앞, 뒤로 길에 늘어서서 파트너와 마주보고 발을 구르며 손뼉을 치면서 리듬을 만드는 춤입니다.

오슬로 왈츠는 노르웨이의 수도인 오슬로의 문화가 영국과 스코틀랜드로 전해져서 유래된 포크댄스로 양 옆 사람과 다정하게 인사하는 춤으로 파티를 마무리할 때 많이 춥니다.

춤

김광호

만난 적 없지만, 본적도 없지만
알 수 있다. 너로 인해,

그런 기쁜 날도 있었구나
그런 슬픈 날도 있었구나,
그렇게 너는 태어났고
그렇게 너는 자라났다.

너로 인해
너로 인해,
나는 배운다
세계의 모든 민족의 웃음과 울음을.

초등 무용 수업을 하며

박창우

워킹스텝, 투 스텝, 겔로핑 스텝에서
스키핑 스텝까지
그냥 움직이면 되는 줄 알았던 발동작에
이름이 있는 줄은 몰랐지

시계방향, 반시계방향, 진행방향, 반진행방향까지
그냥 돌면 되는 줄 알았던 회전동작에
이름이 있는 줄은 몰랐네

어떤 시에서 그랬었지
내가 이름을 붙여주기 전에는
의미 없는 것들일 뿐이라고

하지만

내가 이름을 붙여주기 시작하면
그것들은 나에게 의미 있는 것들로 다가와
나의 일부가 된다.

그리고 나의 일부가

나를 거쳐

나의 제자에게로 간다.

그냥 돌던 것이 시계방향, 반시계방향, 진행방향, 반진행방향으로

그냥 움직이던 것이 워킹스텝, 투스텝, 겔로핑 스텝, 스키핑 스텝으로

움직임이 무용으로

지루함이 즐거움으로

창작으로 가는 길

이현경

안난다 안난다
생각이 안난다

쥐어짜도 쥐어짜도
떠오르지 않는 표현들이여

걱정하지마 걱정하지마
본능에 맡겨
본능에 충실해

너의 feel을 몸으로 표현해
feel 充 滿

step hop step hop
hopping step

step cut step cut

galloping step

나는 이렇게 '무용'에

한 걸음 한 걸음

다가간다.

버지니아 릴

김정희

남자 여섯 여자 여섯
마주보고 길게 서서

서로에게 살며시 다가가
인사를 나눕니다.

짝꿍과 팔짱을 끼고
신나게 돌고

두 손을 마주잡고
신나게 돌고

어깨를 스치면서
눈인사를 나눕니다.

이제 한 번 뛰어볼까?

짝꿍과 손 잡고
신나게 뛰고

내 짝꿍과 팔짱을 끼고 돌면
옆 짝꿍과도 인사를 나누고
모든 친구와 인사를 나눕니다.

이렇게 신나게 놀고 나면
대문을 지나서 집으로
돌아옵니다.

창작무용

창작무용은 주제나 소재에 알맞은 동작이나 움직임을 만들고 표현하는 활동으로 새로운 것을 생각하고 만들어 내는 창의력 향상에 도움을 줍니다. 창작무용은 주제와 소재를 정하는 것을 시작으로 동작과 움직임을 구성하고, 음악과 의상, 소품 등을 준비하면 멋지게 만들 수 있습니다.

처음에는 새로운 동작이나 움직임을 만들고 신체로 표현하는 것이 힘들지만 나중에는 뭔가 해냈다는 자신감과 함께 자부심도 느낄 수 있습니다.

또 다른 나

안수진

때로는 악기가 되어
때로는 사물이 되어
표현한다. 또 다른 나를

음악에 나를 맡기고
장단에 나를 맡기며
표현한다. 또 다른 나를

어느 새인가
이마에는 땀방울이 송골송골
아래로 향하는 땀방울처럼

오늘도 이 물방울처럼
새로운 창조물이 되어
표현한다. 또 다른 나를

고래

김예림

세계 곳곳
동물원의 수영장에서
태평양에서
대서양에서
우리나라의 동해에서

헤엄친다
수면위로 오른다
물을 뿜어댄다

세계 곳곳
각 나라에서
각 지역에서
우리나라의 곳곳에서

노래를 부른다
잔치를 한다
춤을 춘다

함께
바디로 세계를
여행한다
함께
움직임으로
세계를 여행한다.

교감

김동한

말하지 않아도
느낄 수 있어요.

그대들의
손짓과 발짓을…

너무나 따뜻했던
그대들의 마음을…

나는 알 수 있어요.
말하지 않아도
그대들의 마음을…

지금 말하고 있잖아요.
그대들의 마음을…

그대들의 손짓과 발짓으로
내 가슴에 이야기
하고 있잖아요.

말하지 않아도
느낄 수 있어요.

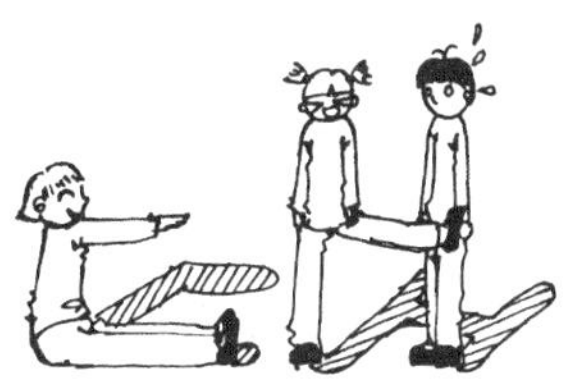

들리나요?

김석목

들리지 않나요?
나는 지금 말하고 있는데

내 손으로
내 발로
동그랗게, 네모나게
뛰며, 걸으며
이렇게 말하고 있는데

들리지 않나요?
내 가슴이 말하고 있는데

내 가슴이
콩닥콩닥하며 움직이는
나의 몸짓으로
이렇게 말하고 있는데

들리나요?

나의 소리가

당신과 함께 하고 싶다고

당신과 함께 여서 즐겁다고

내가 말하지 않아도 나를 보며

알 수 있나요?

나도 들어 볼래요

당신의 소리를

당신의 마음을

움직임으로

들려주세요.

창작의 세계를 여행하는 히치하이커를 위한 안내서

김승아

히치하이커
자동차 편승 여행자
창작의 세계를 여행하는 히치하이커란
움직임의 즐거움을 아직 모르는
그저 창작의 무리에 편승한 사람

아직 아무것도 모르는
그 즐거움도
그 기쁨도
그 고통도
그 속에 있는 깊은 의미도

당신은 히치하이커인가요?

그렇다면 당신을 위한 안내서를 제공해드리겠습니다.

눈을 감고 느끼는 심장 박동
머릿 속에 떠오르는 자유
마음 속에 떠오르는 환희
어느 샌가 날아오르는 나

콩-콩-콩-콩
콩-콩-콩-콩
쿵광쿵광
쿵쿵쿵쿵광광광광쿵광쿵광

당신의 심장소리가 말해주네요
당신은 이미 창작의 세계를 여행하는
진정한 여행자라고.

사라진다

한재훈

의논한다.
조원들이 모여서 무엇을
발표할지 같이
상의해 본다.

들어본다.
어떤 음악을 활동에
넣어야 할지
여러 국악을
들어본다.

창작한다.
음악에 맞춰
어울리는 여러 가지
동작을 구상하고
연습해본다.

자른다.
수업에 친구들이 쓸
여러 가지 탈을
가위로 잘라
만들어 본다.

수업한다.
준비했던 것을 발표한다.

사라진다.
친구들이 수업을 잘
들어줄 때,
의논하고, 들어보고
창작하고, 자르고 수업했던 힘듦은
기쁨과 함께 사라진다.

내 몸이 가벼워지는 시간

홍연종

내 몸은
가벼워진다.
흥겨운 노래에 맞춰
내 몸을 움직일 때에

내 몸은
가벼워진다.
내 모든 것을 표현할 때에
내 마음
내 상황
내 성격
내 분위기까지도

내 몸은
가벼워진다.
친구들과 함께 할 때에
손을 잡고

춤을 추고
돌고
구르고
뛰면서

내 몸은
가벼워진다.
흥겨운 노래에 맞춰
내 몸을 움직일 때에

꿈의 날개

염정심

꽃잎이 화알짝 벌어지는 것 처럼
나뭇가지가 수줍게 움을 틔우는 것 처럼
담쟁이 덩굴이 쭉쭉 뻗어나가는 것 처럼
몸의 공간과 시간을 함께 품었다.

해바라기가 해맑은 해님을 마주 보듯이
간난아이가 포근한 엄마품에 안기우듯이
아우성의 소용돌이 속에서도 꿈을 키우듯이
마주하는 눈동자에 물밀듯 밀려오는 감동이었다.

자연스럽게 타고난 움직임으로
사뿐히 날아오르는 날개짓으로
몸짓으로 나누는 이야기들로
삶에 대한 열정을 향해 새롭게 태어났다.

자유롭고 창조적인 표현으로
내면의 소용돌이를 다스릴 수 있도록

긴밀한 내면의 움직임으로
더 깊은 나눔의 대화들이 되었다.

마음 깊은 그곳에
오색빛 꿈, 자유, 사랑
긍정의 힘으로 시공을 넘어
꿈틀거리는 신체적 표현으로
너른 창공을 향해 꿈의 날개를 높이 들었다.

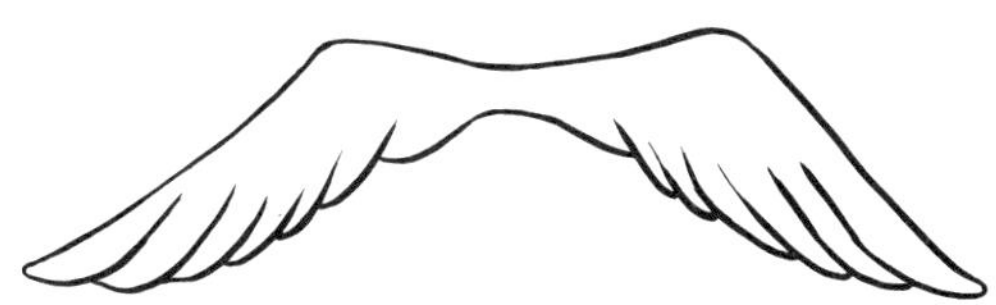

내가 연주하는 음악

유혜영

무용의 탄생

전주미

손끝!
발끝!
몸짓!
눈빛!

손짓하나, 고유 몸짓하나
하늘빛 머금고 새로운 움직임 탄생하고

하늘과 대지 아래 움직임의 조화로운 만남으로
완성되는 창작의 몸짓이여~~

음악과 어우러져 영혼과 어우러져
하나 된 우리는

가슴 속 깊은 또 다른 나를 찾아
영혼과 육신을 춤사위에 적신다.

움직임의 美學

김범원

이렇게 기도합니다.

나의 손이 언제나
움직이고 있기를…

내 발 앞에 언제나
나갈 길이 있기를…

이렇게 기도합니다.

바람은 언제나
내 등 뒤에 불고

움직임은 언제나
깃털과도 같기를…

오늘도 기도합니다.

내 몸과 마음이
다른 길을 갈때도

내 몸과 마음이
약해지지 않기를…

사람들은 이렇게 말했다

홍샛별

소리도 공간도 없던 시절,
오직 몸짓에게
사람들은 이렇게 말했다
"야가 미쳤나, 와 저리 몸을 비틀어싸노"

공간이 없던 시절,
소리와 웃고 있는 몸짓에게
사람들은 이렇게 말했다
"저거 아주 좋아 죽을라카네, 와 저리 방정을 떠노"

아무것도 없는 게 없던 시절,
소리와 공간 속 몸짓에게
사람들은 이렇게 말했다
"…저거… 참… 아름답구만…"

영혼의 울림

최전호

하나의 동작에
내 마음을 담아내고

하나의 동작에
내 영혼을 담아낸다.

동작은 이미 동작이 아니다.
이건 하나의 외침이자
하나의 갈구이다.

입술로 하는 고백보다
더 진하고
더 짜릿한

이건 나의 영혼의 고백이자
너를 울리는 내 마음이다.

나비

심재혁

이내 몸이
이리도 가벼울 줄이야

저리도 무거운 사회에서
이리도 자유롭게 날아갈 수 있을 줄이야

나는 무엇이든 될 수 있다네

꽃도, 바람도, 폭포도… 파도도
무엇이든 될 수 있다네

하지만 나는 한 마리
나비가 되고 싶어라.

하늘 위를 자유롭게
부유(浮遊)하는

한 마리 나비가

되고 싶어라.

상상 + 표현

봉지원

어둡고 축축한 작은 터널
발버둥치며 절규하는 나

짜디짠 땀이 폭풍우처럼
쏟아져 내리고
복잡한 회로처럼 몸이 꼬인다.

허리를 꺾고 꺾어
뱀이 똬리를 틀듯
온몸이 예술을 표현한다.

그러나
고뇌 끝에 환한 등불이 있어
나의 길에 가로등이 되어준다.

아!

온몸의 세포하나하나가

몸속의 마디하나하나가

모진 추억을 선물하는구나!

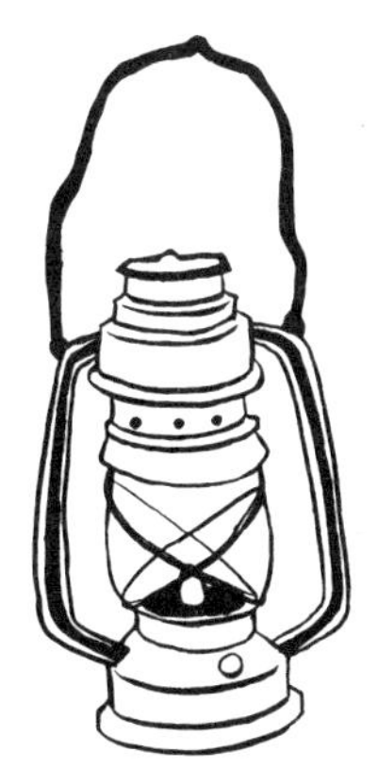

함께 춤추는 이곳은…

유지은

음악의 흐름에 몸을 맡겨 움직이는 자유로운 작은 몸짓 하나하나
서로의 눈빛을 머금고
함께 춤추는 이곳은 어느새 신비의 바다가 되었네.

이야기 속 주인공 되어 반짝이는 새로운 몸짓 하나하나
서로의 조화를 머금고
함께 춤추는 이곳은 어느새 빛나는 무대가 되었네.

부족한 듯 넘칠 듯 뿜어내는 아름다운 몸짓 하나하나
서로의 열정을 머금고
함께 춤추는 이곳은 어느새 기쁨의 축제가 되었네.

창작무용

곽태근

창작무용을 배우면서 여러분은 무엇을 얻었나?
사람과 사람 사이, 감정표현 등을 배웠고,
가장 중요한 나의 존재감을 느꼈다!

작품을 완성하지 않아도 좋다.
아예 작품을 생각하지 않아도 좋다.
창작 과정 속에 벌써 작품은 존재하고 있다!

무엇이 더 필요한가?
희노애락을 자유를 느끼며 마음껏 표현해 보자.
우리에게는 표현의 기쁨이면 충분하다!

용기내어 도전하자!
창작의 세계로!
자유의 세계로!

창작 무용과의 첫 만남

김미수

얽힌듯 얽히지 아니하고
설킨듯 설키지 아니하였더라
메이듯 메이지 아니하고파
손길이 가는대로
발길이 가는대로
그리 그리 움직였더라

손짓은 가벼웁게 바람에 흐르고
발걸음은 사뿐히 땅의 호흡에 맞추며
몸짓엔 가슴을 담아
손길이 가는대로
발길이 가는대로
그리 그리 움직였더라

손짓 하나에 마음을 담아
발 걸음 한 걸음에 정성을 담아
그렇게 그렇게 모아
더하였으니
함께 하였으니
손짓과 발걸음이
그리 나 그대로 인 것이었더라.

발레리나를 꿈꾸며

김정희

한 마리 나비가 되고 싶은
이 내 마음은
저 멀리 하늘로 날아가는데

내 두 다리는
꿈쩍 않고 땅 위에 버티고 서 있다.

음악은 흐르고
춤추는 이들의 몸짓은
바람에 흔들리는 꽃처럼 나풀거리는데

나는 마치
한 마리 딱정벌레처럼
주변을 서성이고 있다.

눈을 꼭 감은 채
한 발자욱, 한 발자욱

리듬에 맞춰 움직이기 시작하면

나는 어느새 조명이 화려한 무대 위의 발레리나…

눈을 떠 보면
언제 그랬냐는 듯이
내 두 다리는
땅 위에 꿈쩍 않고 버티고 서 있다.

내게 무대의 의미는

양경희

저 작은 평면의
저 작은 공간에서
꽃도 피고
나비도 날고
바람도 부는구나.

저 작은 평면의
저 작은 공간에서
인생의 삶이
시작되고
인생의 삶이
끝나는 구나.

저 몸짓 하나에
저 눈빛 하나에
세상의 모두가 있나니

그대들이며

이 앞에서 누가

초연해지지 않으리……

살아 있다는 건

조명주

내가 살아 있다는 건

이마에 땀방울 흘리며
발 구르고 손짓 하며
나 혼자 춤추는 것.

우리가 살아 있다는 건

너와 손을 잡고
한발자국 움직이고 미소 지으며
함께 춤추는 것.

가쁜 숨을 내쉬며
너와 나의 심장소리에 귀 기울이고
체온을 느끼는 것.

살아 있다는 건

수없이 많은 사람 중에서
우리는 함께 춤추었고
서로를 기억하는 것.

사랑하면 춤을 춰라

이민

깊은 동굴 속
겨울 잠 깨어드는
곰의 우렁찬 소리가
내 마음 속 깊음에서
터져 나오네

사랑합니다
봄을 깨우는 내 심장의 리듬에 맞춰
나의 발은 사슴처럼 뛰쳐 오르고
나의 손은 바람에 너는 민들레여

내리 뻗는 태양의 커튼 아래
나의 몸은 아지랑이
열정의 땀이 땅의 젖줄되어
사랑은 갈증을 더 더해만가네

자유로운 나의 손을
멈추게 하는 그대의 가슴은,
뛰는 나의 발을
고요하게 하는 그대의 숨결은,
이 시간 모든 붉음이
나에게 몰려드네

어느덧 함께 한 긴 춤걸음
가깝게 함께 한 춤사위
하지만 오직 한 사람 것 뿐인
우리 흰 발자국

선(腺)

제선희

목 뒤에서 어깨로 잠시 머무르다
다시 손끝으로
그 끝에서 가볍게 날아오른다. 저 텅 빈 허공으로

매끈한 등허리에서
동그니 솟은 듯 내려와
힘차게 달려 정강이까지 올라
발등에 잠시 숨을 고르고
순간 차오른 발끝에서 흩뿌려지는
기나긴 물결

휘돌며 가쁘게 내쉰 숨결
종종종 내딛은 발길
머무르다 이어지고 머무르다 이어지고
한없이 하늘 향해 오르다
덧없이 내려앉는다.

아름다운 이여,

무엇을 그리고파

그리도 안타까이 배회하는가.

움직임

김숙연

저 하늘의 구름을 움직이는 것은
바람이다
잔잔한 바다를 성난 사자로 만든 것은
바람이다
무뚝뚝한 나뭇가지를 흔들어 버리는 것은
바람이다

바람이 움직이는 구름,
흘러가는 모습 속에 아름다운 선이 있다

바람이 움직이는 바다,
거칠음 속에 아름다운 선이 있다

바람이 움직이는 나무,
편안함 속에 아름다운 선이 있다

바람은 구름 속에 있었다
바람은 바다 속에 있었다
바람은 나무 속에 있었다
그 속에 함께 있었다

조심스레 마음에 바람을 느껴본다
마음으로 선을 그려본다
내가 느낄 수 있는 선
마음으로 그려보는 자유로운 선.

창작 무용 되고

노현호

한국 무용은 느낌대로 움직이면 되고
포크댄스는 짝과 함께 움직이면 되고
창작 무용은 음악에 맞게 움직이면 되고
움직임이란 것은 다 이런거지

느낌대로 움직이면 그게 표현이지.

춤은…

임형경

춤은
나 자신을 이끌어 내는 첫 걸음

춤은
내 열정을 태우는 마지막 걸음

춤은
나를 완성하는 끝없는 걸음

움직임 그 자유로움!

안경재

작은 손짓을
따라가며 그리는 아름다운 몸짓!
움직임은 참으로
커다란 파장을 만들어 냅니다.

굳어진 육신이
녹록찮은 삶처럼 고달픔을 더해 오지만
서로의 맞잡은 손에서 전해오는
잔잔한 동료애.

어느 덧 발표 시간,
선율에 몸을 맡기니
지나간 시간들이 머릿속을 스치며
창작의 고통은 기쁨으로 바뀌고
움직임 하나하나에
자유로운 영혼을 맛봅니다.

미지의 세계

손연현

보았지만 잘 모르는 세계
어렵게 문을 열고
수줍게 들어선 미지의 세계

그곳에서 맺어진 새로운 인연들
음악이라는 암초와의 만남
몸의 표현이라는 암초와의 만남
암초들을 잇는 수많은 통로를 찾기 위한 노력

어렵고 높게만 보이던 암초들이
암초가 아닌 그 무엇으로 나에게 다가올 수 있었던 건
갈 길을 정확히 알려주는 나침반 있어서라네
함께 여행 중인 배들이 있어서라네

머나먼 여정을 남긴 채
새로운 세계로 떠나야 하나
이곳으로 다시 여행하게 된다면
좀 더 큰 암초들을 넘어봐야지.

창작의 고통

유은실

"으～으～으" 이 소리는 새로운 것을 만들려고 고민하는 소리
"아～하!" 이 소리는 새로운 것이 생각났다는 소리
"하! 하! 하!" 이 소리는 새로운 것을 만들었다는 소리

창작을 하기까지 내는 다양한 소리
창작의 고통은 말로 표현할 수 없다는 거겠지?

창작의 고통이 있어야 더욱 빛이 나는 창작
우리 모두 창작의 고통을 즐기자!

움직일 수 있다는 것

문병석

아름다운 것을 볼 수 있다는 것이 얼마나 행복한 일인지
냄새 맡고 코로 숨을 쉴 수 있다는 것이 얼마나 행복한 일인지
좋은 소리를 들을 수 있다는 것이 얼마나 감동적인지
잊고 살았어요
두 다리로 걸을 수 있다는 것이
두 손을 높이 올릴 수 있다는 것이
바르게 설 수 있다는 것이
내가 가진 가장 큰 축복임을
잊고 살았어요
한 걸음 한 걸음 움직일 때 마다
음악에 맞춰 몸을 흔들 때 마다
내가 가지지 못한 것에 욕심 부리며 살았던 시간을
안타까워했어요.
이젠 천천히 한걸음씩 걸어갈래요.

내 안에 또 다른 나

정경란

거울 앞에 서 있는 나는
일상에서의 내가 아니다.

손끝 하나 발끝 하나도
내 것이 아니다.

몸이 느끼는 대로 흐르는 대로
맡겨봐라.

순간순간 찌릿하는 전율이
어느새 고통도 번뇌도
모두 빨아들인다.

그 속에서 나는
내가 아닌 것이다.

누군가 나에게…

우애라

누군가 나에게
즐거움에 대해 묻는다면
나의 밝은 미소를 보여주며
기꺼이 즐거웠다고 말할 것입니다.

누군가 나에게
배움에 대해 묻는다면
나의 이마의 땀방울을 보여주며
기꺼이 많이 배웠다고 말할 것입니다.

하지만…
누군가 나에게 창작의 고통에 대해 묻는다면
나의 헝클어진 머리를 보여주며
기꺼이 친절하게 말할 것입니다.

"해..보..세..요.."

창작무용

홍승연

아!! 신난다.
손끝 하나로
내 마음 표현할 수 있으니

아!! 즐겁다
발끝 하나로
내 감정 나타낼 수 있으니

아!! 신비롭다.
손끝, 발끝이
의사소통의 장이 될 수 있다니

만나서 반갑구나~
창작무용아!!

춤 출 때 난…

임형경

몸 안에 아이스크림이 녹아 내리듯
몸 안에 로켓이 쏘아 올려지듯

심장이 요동을 치듯
심장이 꺼져 내리듯

손 끝이 하늘을 찌르듯
손 끝이 땅 속으로 꺼지듯

춤 출 때 난…
이렇게 새로운 사랑을 한다.

Don't worry

천지애

Everything is possible.
Sometimes it takes so much time.
Nothing is impossible in dancing.
Don't worry.
Just enjoy yourself.

무용수업

미래의 교사들과 현재의 교사들은 무용을 창작하고 경험하는 무용수업을 통해서 창작의 고통과 함께 기쁨을 느낍니다. 처음에는 신체로 표현하는 것을 어색하게 느끼다가 나중에는 자유롭게 표현하는 방법을 배우고 즐거움을 느낍니다. 무용수업을 통해서 창작하고 만든 무용을 공연하며 관람하는 그 기쁨과 즐거움을 학생들에게 전달할 수 있도록 다양한 무용수업을 기대해봅니다.

내 마음의 색깔

김응서

무용 수업이 시작할 땐, 마음이 무거워서 검은색

다른 친구들이 춤을 출 땐, 내 차례가 떨려서 노란색

내가 춤을 출 땐, 아무 생각이 없어져서 하얀색

내가 싫어하는 사람과 같이 추면 회색

내가 좋아하는 사람과 같이 추면 빨간색

수업이 끝이 나면, 즐거워서 파란색

창·무가

황지영

창작무용이 무엇이냐 물으니 느낌의 표현이로다
게다가 협동하여 수업하니 그 더욱 즐겁구나
두어라 몸으로 표현하면 그만이지 또 더하여 무엇하리

창작무용 무엇인가 궁금하여 들었더니
느낌을 표현하라는 말씀에 눈앞이 깜깜하고
친구들 동작보며 부러워만 하노라

작품을 만들려고 옆 친구와 함께하니
어느덧 친해지고 자신감도 늘어나고
즐거운 수업시간 기대하게 되는구나

무용을 할수록 몸과 맘은 하나되어
숲을 표현하면 마치 내가 새가되고
바다를 표현하면 바로 내가 파도로다

용하다! 창작수업! 즐겁게 가르쳐서
잠재된 표현능력 밖으로 끌어내어
무용을 사랑하고 향유하게 하노라.

우리들의 시간

김은영

가만히 출렁이는 음악에 몸을 맡기면
어느덧 발목까지 차오르는 심장소리.

틀려도, 완벽하지 않아도… 괜찮아!
쑥스러울 것도, 어려울 것도… 없어!

그저, 제 심장의 설렘을
가만, 가만, 가만… 두드려봐.

솜털 같은 발놀림과 우아한 몸동작이 아니어도 좋아.
그저 내가 원하는 건…

파랑, 빨강, 노랑, 보라
무겁고, 느리고, 서툴고, 어색한
원색의 너 그대로 인걸…

하얀 도화지위에 번져가는 물감들이
우리들이 채워가는 이 시간들이야…

얼룩지고 번지고 겹쳐진대도,
그건 그 나름대로… 재미있지 않니?

지금 우리가 채색해 놓은 이 시간이
곧 우리 아이들에 의해 새롭게 칠해지겠지…

넌 궁금하지 않니?
꼬마들의 발끝에서 묻어나올 또 다른 세계가…

우리 모두 하나 되는 시간

송지영

신나는 창작무용시간
오늘은 어떤 표현을 할까?
초롱초롱한 눈망울로
아이가 되어버린 선생님

개다리 춤을 좋아하는 경식이
깜찍한 포즈가 어울리는 은실이
해맑은 표정과 튼실한 다리의 종남이
가냘픈 선이 아름다운 경란

음악에 귀기울여
눈빛을 맞추고
몸짓으로 어우러지는
우리 모두 하나 되는 시간

이번 여름 추억을 떠올리며

교실로 돌아가서

아이들과 하나되어

신나는 몸짓놀이

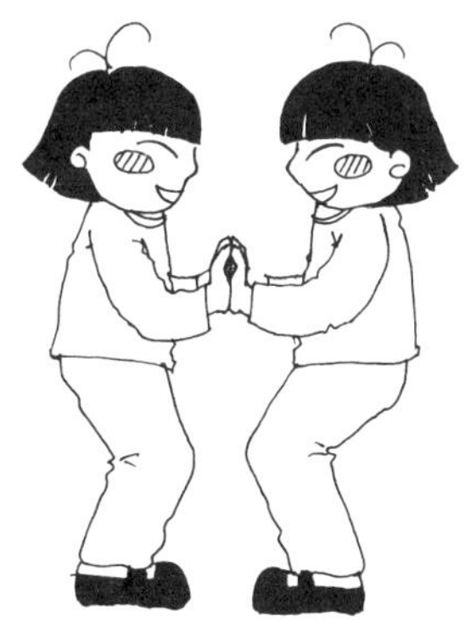

창작무용 수업을 하면서

이주순

내 마음대로 움직여지지 않는 몸놀림
제아무리 폼을 잡아보아도 어정쩡한 자태
따라 하는 동작은 그래도 나은데
창의적인 표현활동은 자신이 없네

수업시간이 끝날 때마다 해냈다는 뿌듯함
다음 수업에 대한 설레임반 걱정반
타인의 나비처럼 부드러운 날개짓 움직임
그저 부러운 눈빛으로 바라보네

한쪽 구석에서, 친구들 뒤편에 서서
쭈빗거리며 자신없어하던
아이들의 심정 이제야 알 것 같네
'애들아 이해해주지 못해 미안해'

한 손 날개 꺾어내려 우리 춤 추어보지만
몸 따로 마음 따로 제각각이네
그런들 어떠리 배운 내용 잊을까
개학이 기다려지네

이 무더운 여름 창작무용이 수업
보람된 시간이었으며
열과 성의를 다한 동료들
마음 속 깊이 간직하리.

몸으로 표현하는 세상

송채린

덩실덩실 흥겨운 우리 가락에
몸을 맡겨보자.
부채는 무궁화가 되었다가
철썩이는 파도도 되었다가…
마음속에 우리의 강산
그려놓고 간다.

상상의 세계를 꿈꾸며
동화같은 이야기에 빠져보자
우아한 동작
걸음도 도도하게…
난…
이야기 속의 백조도 꿈꾸고
윌리도 꿈꿔본다.

신나는 라틴음악 속으로
친구와 여행을 떠나보자.
미소를 머금고 눈을 마주치다 보면
어느새 난 친구와 함께
세계여행을 떠나 있다.

몸으로 느끼고 표현하는 이 즐거움…
이젠
아이들과 함께 나누리라 다짐해 본다.

추억에 눈을 뜬 나

박주영

어린 시절 어느 날
날아가는 나비를 보며
춤을 추던 나
신기하구나! 재미있구나!
세상을 바라보며
엄마와 함께 몸으로 노래했지

시간이 지난 어느 날
춤을 추는 내 모습 보며
어리다며 놀려대는 시선들
부끄럽구나! 창피하구나!
세상을 바라보며
순수함을 잃어버려 어른이 돼버렸지

그런데 우연히
창작의 문에 들어선 어느 날
추억의 구석에서 낡아버린 동심을 찾은 나

순수하고 즐거웠던 그 때가
행복했다는 걸
느끼는 나

이 행복함을
우리 아이들에게
느끼게 하고 싶은
나

그래 같이 가자! 그래 같이 하자!

권영기

재잘재잘 조잘조잘
아이들과 함께 보낸 나의 하루
다시 난 흔들리는 지하철 안
손잡이도 흔들흔들
눈꺼풀도 흔들흔들
이내 내 고개도 흔들흔들
갈까말까 갈까말까 갈까말까 갈까말까
내 마음도 흔들흔들

계단의 수만큼 번뇌하게 하는
백팔계단을 눈앞에 두고
스물여덟 천사들이 내 어깨에
단단한 실을 꾀어
꼭대기까지 날려 올린다.

너희들과 함께
그림자 놀이도 했다
너희들과 함께
시를 움직임으로 바꿔보기도 했어.
너희들과 함께
민속춤도 춰봤어. 어려운 글도 읽어봤어.

진짜 피로회복제는 약국에 있다는 것을 알지만
너희들과 함께
그래. 같이 가자! 그래~ 같이 하자!

내 지금 한걸음이 희망이 되리라.

권혁재

내 지금 한 걸음이
아이들의 웃음이 되고
내 지금 한 걸음이
아이들의 희망이 되리라.

사람과 사람이 만나
어울림이 있고
사람과 무용이 만나
아름다움이 있지 않는가.

한걸음.
한걸음.
너와 내가 딛음이
곧 흥겨움이 되지 않는가.

내 지금 한 걸음이
아이들의 웃음이 되고
내 지금 한 걸음이
아이들의 희망이 되리라.

나에게 춤이란…

송채린

어렸을 적엔 음악만 나오면
몸이 마음껏 움직이더니

'어른'이라고 불린 순간부터
음악만 나오면
몸이 뻣뻣해진다.

이효리 따라 춤 좀 치면
꿈틀대는 사이 음악은 끝나고

창작하라는 말만 들으면
고민하는 사이 음악은 끝난다.

정말 신기한 것은…

그럼에도 불구하고…

음악이 나오면 자연스레 몸이 들썩이고
흥이 난다는 것.

잘한다, 못한다 무슨 소용일까…
내가 내 몸을 움직여 만드는 즐거움에 빠지면 되는 것을…

기술보다… 기교보다…
이 즐거움을 전달하련다.
나의 아이들에게…

미래로

이언주

구르고 뛰고 점프하고…
내 손끝과 발끝으로
펼쳐지는 상상의 나래

머지않아
나의 상상의 나래는
또 다른 곳에서
또 다른 어린 친구의
나래로 이어질 수 있을까?

내 날개 짓이
미래로 이어질 수 있게
오늘도 힘껏 날개를 퍼덕여본다.

새로운 세계

허진화

무용 = 운동회
나만 안했네.

무용 = 발레
나만 몰랐네.

밀려오는 죄책감
"얘들아, 미안."

움직이며 싹트는
즐거운 마음

창작하며 밀려오는
벅찬 감동

2학기엔 느껴보렴
새로운 세계

결실

임정화

가보지 않은 길이었기에
두려웠나 봅니다.

어느새 안락이 주는 향락에 빠진 나였기에
나의 무지를 모른 척 하고 싶었나 봅니다.

오늘 나는
나의 노력으로
그간의 허용을 깨어부순
나를 만났습니다.

나의 느낌을, 나의 떨림을
온 몸으로 흡수하는
아이들의 맑은 웃음을 통해

나는 비로소 참된 깨달음의 기쁨을 얻습니다.

몸짓으로 꿈꾸는 아이들

송지영

평소 말이 없던 원철이도
무용은 여자애들이나 하는 거라며
남자다운 척 으스대던 준호도
음악만 나오면 엉덩이춤을 추는 다현이도

얼굴엔 함박웃음이 가득
교실엔 신나는 열기가 가득
즐거움과 느낌을 나누며
하나로 어우러지는 시간

선생님도 친구처럼
손에 손을 잡고
마음껏 온몸으로 표현하는
몸짓으로 즐거운 교실

몸짓으로 꿈꾸는 아이들……

여명(黎明)

유지영

전통적 체육수업
'아나 공' 체육수업
현대의 체육교육에서 좋은 수업 중
창작 무용 수업의 위치는 어디쯤 일까?

춤! 아는가?
스스로 묻고 싶다.

배움의 장에 들어서면
거울이 나를 비춰준다.
나의 마음을 안다는 듯이
부끄러워진다.

춤! 아는가?

무용의 3요소
창작, 공연, 관람

스스로 체험하라고 기회를 주지만
문외한인 나보고 자꾸자꾸

거울은
그대는 춤! 아는가

창작 무용 수업을 마치며

박주영

쑥스러운
주영이

부끄럽고
창피해서
못난이인 줄 알았구나.

어두운 땅 속에서
삼십 년을
참고 기다린 주영이

창작무용
수업 듣고
자신감이 생겼구나.

동기들과
모두 함께 어울리니

쑥스러움 어디갔고
창피함은 어디갔나

내가 배운
수업 기술
애들에게 석용하여

활기차고
재미있는
수업시간 만들어요.

가르치는 자의 마음

조주희

오늘은 무엇을 가르쳐줄까?
애들이 어떻게 받아들일까?

매일매일 고민하고
매일매일 연구하고
매일매일 노력한다.

힘들어요 그만해요.
시시해요 지루해요.
대충해요 끝내줘요.

아이들 표정이 무서워진다.
교사인 내 맘도 시들해진다.

하하하 깔깔깔 키키키키킥
오~~ 음~~ 짝짝짝짝짝

가끔씩 들리는 아이들 소리
여기에 힘내는 가르치는 자.

자유롭게 움직이고 자연스럽게 표현하고

이 강 순
그림 | 이 언 주·최수지
펴낸이 | 조 승 식
펴낸곳 | (주)도서출판 북스힐
등록 | 제22-457호
주소 | 142-877 서울시 강북구 수유2동 240-225
www.bookshill.com
E-mail | bookswin@unitel.co.kr
전화 | 02-994-0071(代)
팩스 | 02-994-0073

2012년 3월 5일 1판 1쇄 인쇄
2012년 3월 10일 1판 1쇄 발행

값 9,000원
ISBN 978-89-5526-854-6

* 잘못된 책은 구입하신 서점에서 바꿔 드립니다.